Depuis des générations, les enfants sont captivés par les histoires célèbres de la série "Contes familiers". Les plus jeunes aiment se pencher sur les petits détails des belles illustrations en couleurs tout en écoutant l'histoire. Les plus grands se plaisent à lire seuls ces contes passionnants dont le texte est facile à lire.

British Library Cataloguing in Publication Data
Southgate, Vera
    Les trois petits cochons.
    1. French language—Readers—For children
    I. Title   II. Boon-Jenkins, Debbie
    III. Series
    448.6'421
    ISBN 0-7214-1127-4

© Ladybird Books Ltd, Loughborough, Leicestershire, England 1987
Titre original: *The Three Little Pigs*
ISBN: 0 7214 0995 4
Imprimé en Angleterre par Ladybird Books Ltd.

Contes familiers

Les trois petits cochons

Adaptation pour une lecture facile
VERA SOUTHGATE
Illustrations de DEBBIE BOON-JENKINS

Il était une fois une maman cochon qui avait trois enfants.

Les trois petits cochons avaient grandi très vite et un jour leur maman dut leur dire:
— Vous êtes trop grands pour continuer à habiter ici. Vous devez partir et construire vos propres maisons. Mais faites attention que le loup ne vous attrape pas. Il vous mangerait!

5

– Nous prendrons garde au loup, promirent-ils à leur mère. Et ils se mirent en route.

Chemin faisant, les trois petits cochons virent un homme qui travaillait dans un champ.

— S'il vous plaît, pourriez vous me donner un peu de paille, demanda le premier petit cochon. Je veux construire ma propre maison.

— Bien sûr, répondit l'homme, tout en lui donnant la paille.

Le premier petit cochon se construisit alors une maison de paille. Il en était très satisfait.

– Maintenant, le loup ne me mangera pas, dit-il.

Ses deux frères regardèrent la maison de paille qui avait été si facile à construire.

– Je construirai une maison plus solide que la tienne, dit le deuxième petit cochon.

– Moi aussi, ajouta le troisième petit cochon.

Les deux frères reprirent leur route.

Bientôt, ils rencontrèrent un homme qui transportait des fagots.

– S'il vous plaît, pourriez-vous me

donner des fagots ? demanda le deuxième petit cochon. Je voudrais me construire une maison.

– Bien sûr, lui répondit l'homme. Et il lui donna quelques fagots.

12

Le deuxième petit cochon se construisit alors une maison de bois. Celle-ci était plus solide que la maison de paille et il en était très content.

— Maintenant, je n'aurai plus peur du loup, dit-il à son frère.

Le troisième petit cochon regarda la maison de bois.

— Je bâtirai une maison plus solide que la tienne, répondit-il.

Le troisième petit cochon continua donc seul son chemin. Mais il ne tarda pas à rencontrer un homme qui transportait des briques.

– S'il vous plaît, pourriez-vous me donner quelques briques?

demanda le troisième petit cochon, je voudrais me construire une maison.

– Bien sûr, répondit l'homme tout en lui donnant des briques.

16

Le troisième petit cochon se construisit alors une maison tout en briques. La construction lui prit beaucoup de temps car c'était une maison très solide. Mais quand elle fut terminée, le troisième petit cochon était très content du résultat.

"Maintenant, je sais que le loup ne pourra pas me manger," se dit-il.

Quelques jours plus tard,
le loup vint à passer devant la
maison de paille du premier petit
cochon.

Quand celui-ci vit le loup arriver,

il se précipita à l'intérieur et ferma
la porte à double tour.

Le loup frappa à la porte et dit:
– Petit cochon, petit cochon,
laisse-moi entrer s'il te plaît.

– Non, non, répondit le petit cochon qui avait très peur, jamais je ne te laisserai entrer.

– Dans ce cas, je vais souffler et siffler si fort que ta maison va s'envoler, menaça le loup.

Il souffla et siffla si fort que la maison en effet s'envola. Le loup ne fit alors qu'une bouchée du premier petit cochon qui avait construit sa maison en paille.

Le jour suivant, le loup vint à passer devant la maison de bois que le deuxième petit cochon avait construite.

Lorsqu'il vit le loup arriver, le deuxième petit cochon se précipita

à l'intérieur et ferma la porte à
double tour.

Le loup frappa à la fenêtre et dit:
— Petit cochon, petit cochon,
laisse-moi entrer s'il te plaît.

— Non, non, répondit le petit cochon tremblant de peur, jamais je ne te laisserai entrer.

— Alors je vais souffler et siffler si fort que ta maison va s'envoler, s'écria le loup.

Et il souffla et siffla si fort que la maison en effet s'envola. Le loup ne fit alors qu'une bouchée

du deuxième petit cochon qui avait
construit sa maison en bois.

Le lendemain, poursuivant sa route, le loup arriva devant la maison de briques que le troisième petit cochon avait construite.

Lorsque le troisième petit cochon vit le loup arriver, il se précipita

à l'intérieur et ferma
la porte à double tour.
Puis il attendit.

Le loup frappa à la porte et dit:
– Petit cochon, petit cochon,
laisse-moi entrer s'il te plaît.

28

– Non, non, répondit le petit cochon, jamais je ne te laisserai entrer.

– Alors je vais souffler et siffler si fort que ta maison s'envolera.

Mais le loup eut beau souffler et s'essouffler à en perdre haleine, la maison ne bougea pas car elle était très solide.

Le troisième petit cochon riait de voir le loup tout essouflé. Il se sentait bien protégé dans sa maison de briques.

Le loup était furieux mais il fit comme si de rien n'était. ''Voilà un petit cochon bien malin, pensa-t-il, si je veux l'attraper, il faut que je fasse semblant d'être son ami.''

– Petit cochon, dit-il de sa voix la plus douce, si tu es prêt à six heures demain matin, je t'emmènerai dans le champ du fermier Martin. Nous y trouverons de beaux navets pour le dîner.

– Très bien, répondit le troisième petit cochon.

Mais c'était un petit cochon très intelligent. Il savait bien que le loup voulait juste le manger. Alors, le lendemain matin, il partit pour le champ du fermier Martin à cinq heures. Il remplit sa brouette de navets et retourna vite chez lui avant six heures.

33

A six heures précises, le loup
frappa à la porte.

— Es-tu prêt, petit cochon?
demanda-t-il.

— Oh! Je suis déjà allé

dans le champ du fermier, répondit le petit cochon. J'ai rempli ma brouette de navets et j'en ai mis à cuire sur le feu pour le dîner.

Le loup en fut très fâché mais il feignit de ne pas l'être.

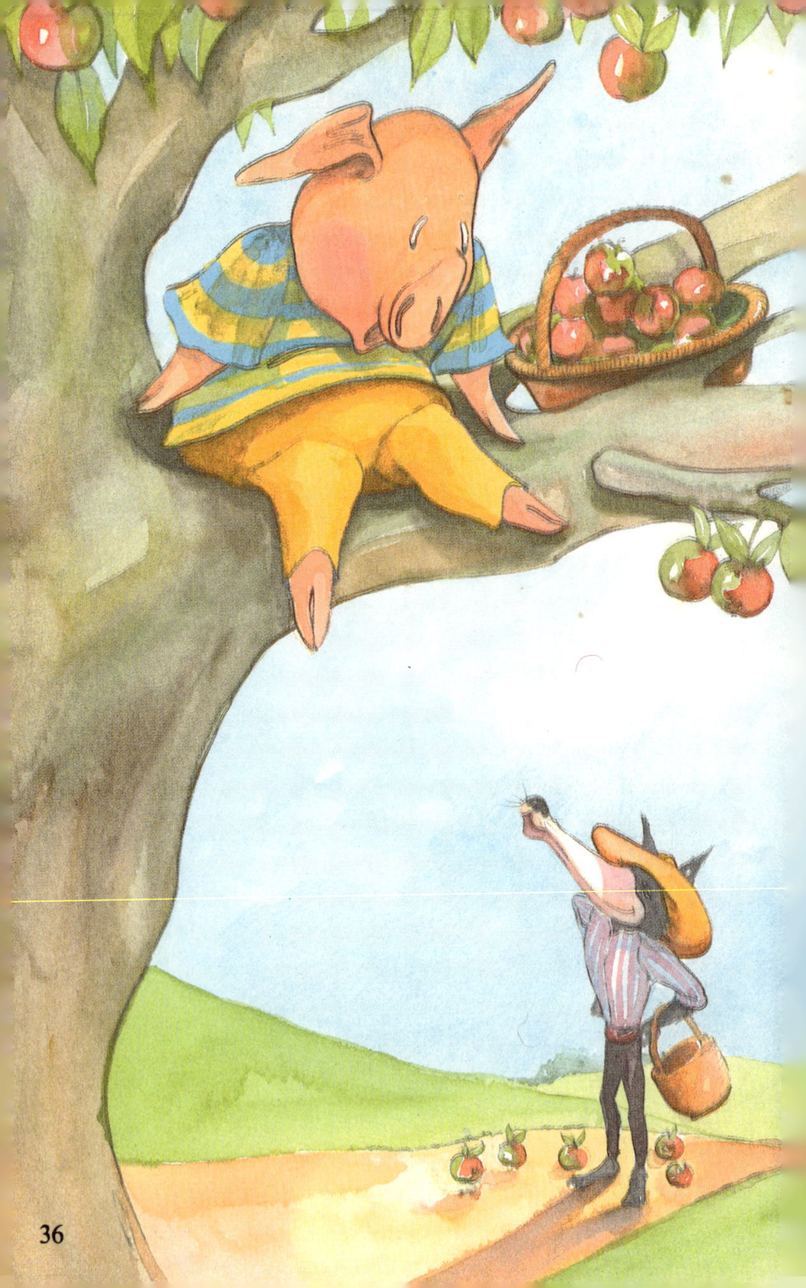

50

49

– Petit cochon, dit-il de sa voix la plus terrifiante, je vais te dévorer. Je vais descendre par la cheminée, et à nous deux…

Le petit cochon eut très peur mais il ne dit rien. Puis, il eut une idée. Il mit un gros chaudron d'eau à bouillir sur le feu et attendit.

– Hi! Hi! s'écria le petit cochon en éclatant de rire, c'était moi dans mon tonneau!

A ces mots, le loup devint fou de rage.

Le lendemain, le loup vint encore frapper à la porte du petit cochon.

– Petit cochon, je ne suis pas allé à la fête hier. Je me suis fait renverser par une énorme chose qui dévalait la colline.

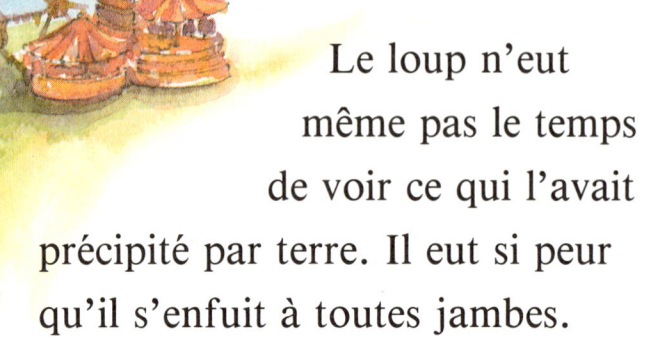

Le loup n'eut
même pas le temps
de voir ce qui l'avait
précipité par terre. Il eut si peur
qu'il s'enfuit à toutes jambes.

Quant au petit cochon, il fut
enchanté d'avoir échappé au loup.
Il sortit de son tonneau et
l'emporta chez lui.

Mais le tonneau se renversa et se mit à rouler. Il descendit la colline tellement vite qu'il fit tomber le loup sur son passage.

A deux heures, le petit cochon
se mit en route pour la fête. Il
s'amusa comme un fou et essaya
tous les manèges. Puis il alla
s'acheter un gros tonneau dont il
avait besoin.

Sur le chemin du retour, le petit
cochon vit le loup qui grimpait la
colline. Il eut tellement
peur qu'il sauta
dans son tonneau
pour se cacher.

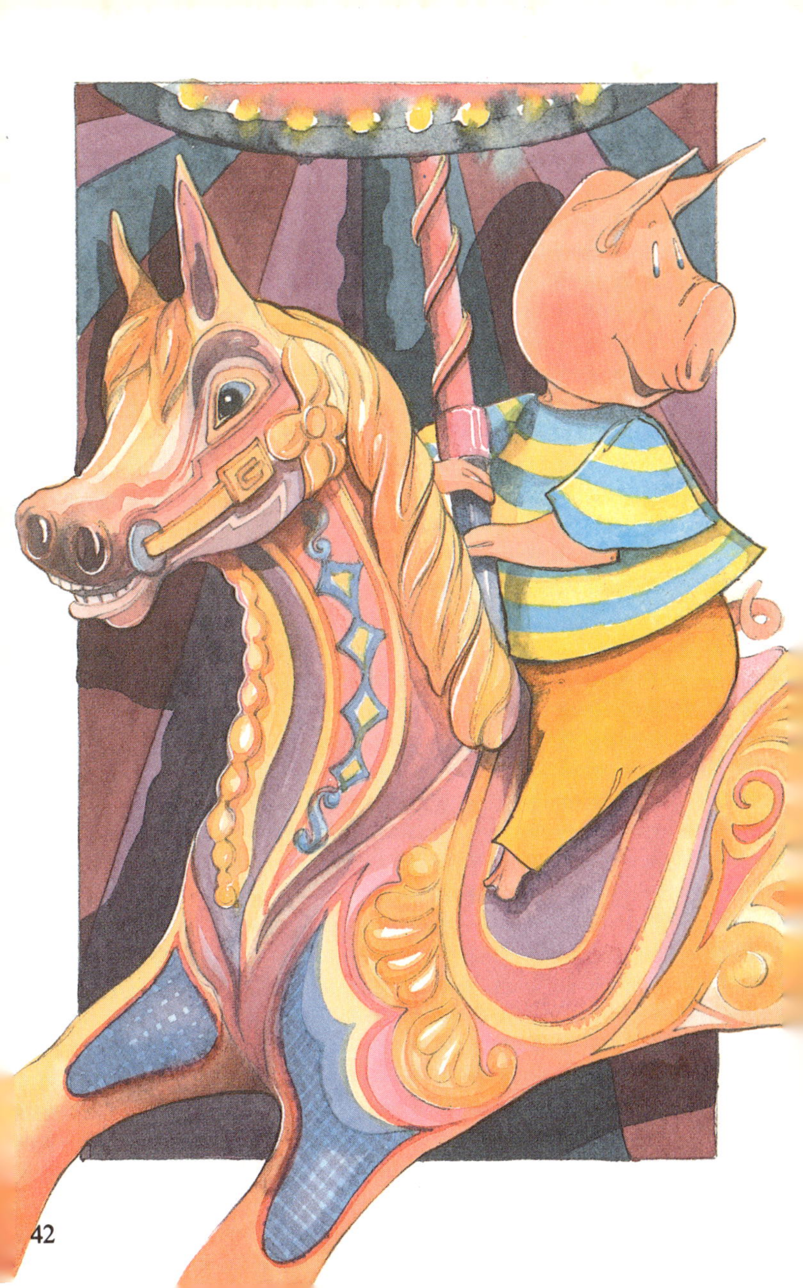

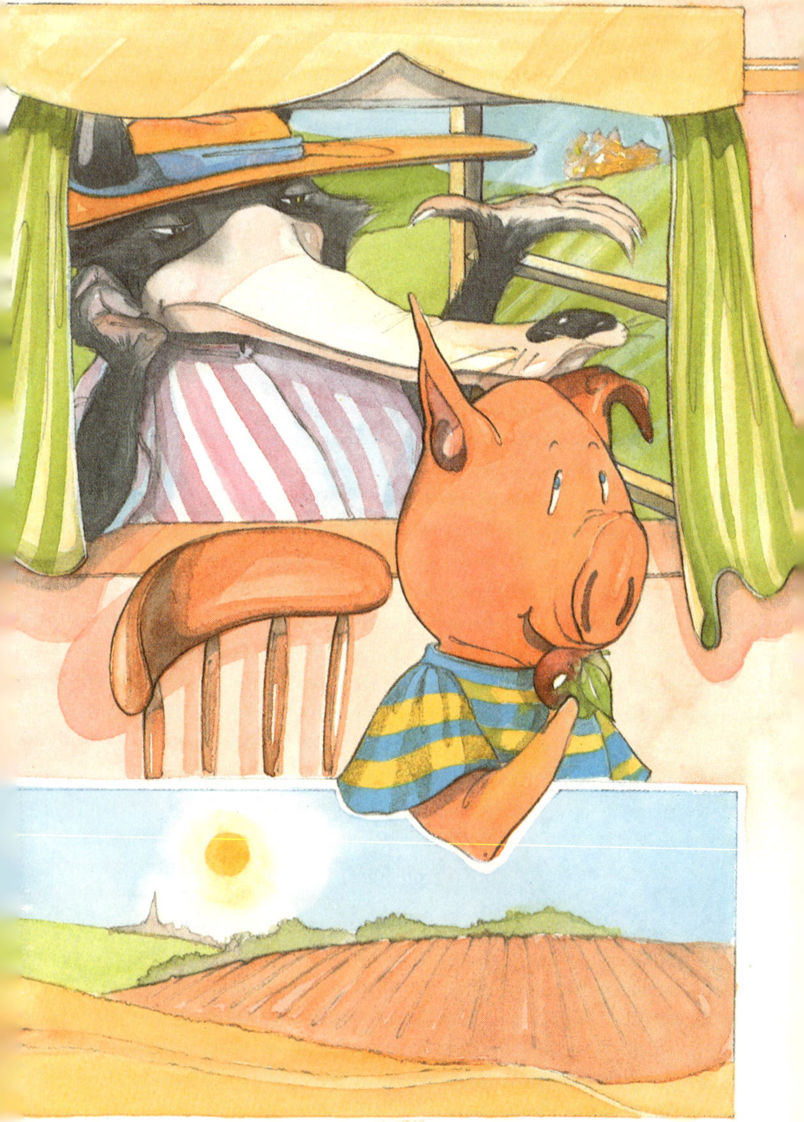

— Si tu es prêt demain matin à cinq heures, dit le loup, je t'emmènerai chez le fermier Nicolas. Nous cueillerons de belles pommes rouges dans son pommier.

— Très bien, répondit le troisième petit cochon.

Le lendemain matin, le petit cochon se mit en route à quatre heures. Il trouva le pommier sans peine et se mit à cueillir les fruits. Il était perché dans l'arbre quand le loup arriva.

Le petit cochon eut très peur mais il le cacha bien.

— Ces pommes sont très belles Monsieur le loup, dit-il, je vous en envoie une.

Il lança une pomme, mais elle déroula la pente. Le loup courut pour la rattraper. Le petit cochon en profita alors pour sauter de l'arbre, se précipita chez lui et ferma la porte à double tour.

Le loup fut très fâché, mais il ne le laissa pas voir. Il retourna à la maison du petit cochon et frappa à la fenêtre.

– Petit cochon, dit-il, si tu es prêt à quatre heures cet après-midi, je t'emmènerai à la fête. Nous allons bien nous amuser sur les manèges.

– Entendu, répondit le petit cochon comme si de rien n'était.

Le loup grimpa sur le toit, puis commença à descendre à l'intérieur de la cheminée.

Dès qu'il entendit le loup, le petit cochon retira le couvercle du chaudron. Quelques secondes plus tard le loup tomba dedans avec un grand plouf.

Et c'est ainsi que périt le loup: le troisième petit cochon était bien trop malin pour lui.